AF247960

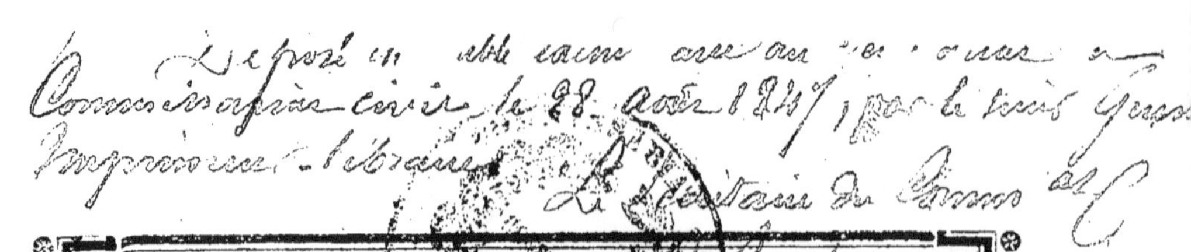

DE LA PRISE

DE

CONSTANTINE

PAR

LES ARABES D'ORIENT

En l'année 654 de Jésus-Christ,

PAR

G. NICULY LIMBÉRY,

INTERPRÈTE TRADUCTEUR ASSERMENTÉ.

PRIX: 1 FRANC.

SE VEND

A Constantine, chez F. GUENDE, Libraire, place du Palais.
A Alger, chez HACHETTE, Libraire, rue de la Marine, 117.

1847.

HISTOIRE

DE LA PRISE

DE

CONSTANTINE

PAR

LES ARABES D'ORIENT

En l'année 654 de Jésus-Christ,

PAR

G. Niculy LIMBÉRY,

INTERPRÈTE TRADUCTEUR ASSERMENTÉ.

PRIX: 1 FRANC.

SE VEND

A Constantine, chez F. Guende, Libraire, place du Palais.
A Alger, chez Hachette, Libraire, rue de la Marine, 117.

—

1847.
1850

À Monsieur Lapaine,

Commissaire civil de Constantine.

Hommage de gratitude.

G. Niculy LIMBÉRY.

IMPRIMERIE DE F. GUENDE.

Le récit que nous publions n'est qu'un fragment
de l'histoire plus complète que nous nous propo-
sons de livrer un jour au public de la conquête de
l'Afrique par les Musulmans.

CHAPITRE Ier.

. . . .
. . . .

La domination des empereurs de Byzance en
Afrique ne fut pas longtemps sans être troublée.
L'Arianisme avait reçu un coup mortel dont il lui
était difficile de se relever. Les Catholiques triom-
phèrent; mais ils avaient d'autres ennemis. Les

Mauritaniens opprimés par les Vandales, qui l'avaient été à leur tour, crurent voir une circonstance favorable pour sortir de leur abaissement, ils se révoltèrent, et forcèrent l'empereur Constant II à envoyer un nouveau général pour les soumettre. Salomon parvint à les ramener à la soumission.

Ce général avait plutôt assoupi les haines qu'il ne les avaient éteintes, sa modération aurait pu consolider cet ouvrage avec le temps, mais les Préfets grecs ne l'imitèrent pas; ils se conduisirent dans ces pays, ainsi que ces esclaves titrés qui regardent les places qui les éloignent de la cour comme des exils, et qui faisant passer leur humeur sur le peuple qu'ils gouvernent, les dépouillent de leurs richesses pour se mettre en état de reparaître avec plus de luxe auprès de leur maître.

Les Africains exaspérés, se révoltèrent encore; leur mouvement fut prompt et rapide; ils marchèrent au palais de Salomon et l'assasinèrent.

Il fut remplacé par Ariobonde que l'empereur envoya avec le titre de Proconsul. On crut à la cour de Byzance que ce titre pompeux pourrait faire respecter davantage le représentant de l'Empire dans la province africaine : mais les cœurs étaient trop ulcérés, les haines trop déchaînées; et l'esprit de vengeance ne pouvait être réprimé par la rigueur des lois, dans un pays où les lois étaient devenues le jouet d'une multitude de petits usurpateurs et d'une foule de partis politiques et religieux.

Un des capitaines de Salomon appelé Gondi-
bond le massacra, et fut puni lui-même par un
assasinat. Artaban, Persan d'origine, qui succéda
à Ariobonde, mit fin à la révolte.

Les Africains alors restèrent soumis; toute cette
partie de l'Afrique jouit d'une sorte de tranquillité
pendant plus de cent ans, et on ne voit pendant
cette période, aucun évènement qui mérite d'être
cité.

Mais pendant cet intervalle, tandis que le colosse
de Byzance dormait dans la mollesse et semblait
oublier sa faiblesse au milieu de ses fêtes pom-
peuses il se formait à l'Orient une puissance qui
devait le remuer profondément, et faire passer
l'Afrique sous de nouvelles lois, et sous de nouvelles croyances.

Le démembrement de l'empire d'Orient commença sous le califat d'Othman-ben-Affen, troisième successeur de Mahomet, et sous celui de
l'empereur Constantin IV, dit Pogonat. L'Afrique
avait déjà été convoitée par les Arabes depuis
l'année 644, époque à laquelle ce même Othman
envoya Ab-Alla-ben-Abi-Sarkh et après lui Oukba-
ben-Amar; mais elle ne fut totalement conquise
que sous Justinien II et Léonce, en l'année 698
à 700, par le général Khassen-ben-el-Naaman,
envoyé par le calife Abdel-Mélek-ben-Mérwan.

Ainsi la puissance des Arabes musulmans allait
tous les jours en s'augmentant. L'état de faiblesse
dans laquelle était tombé l'Empire favorisait leur

passion de prosélytisme et de conquête. C'était une jeunesse robuste et ardente qui attaquait un corps consumé par la vieillesse et les maladies et privé d'une grande partie de ses membres (1).

Othman préoccupé de ses projets, toujours actif, portait déjà son regard au-delà des limites de ses états ; de Médine qui était devenue siège d'un nouvel empire il dirigeait la marche de ses généraux, assurait le succès de leurs entreprises ; tandis que par ses ordres El-Fadal et Abouthor dévastaient l'Asie-Mineure, portant le pillage et la terreur jusqu'aux portes de Cyzique, Othman faisait partir pour la seconde fois un général qui avait été de la suite de Mahomet. Ce général quoique âgé de 60 ans, était encore rempli de courage et d'énergie.

Il avait pour mission de compléter la conquête d'Afrique, recommandée par le Prophète qui a dit : « Vous vous emparerez après moi de la terre où le froid est extrême, et la chaleur excessive » de prêcher et planter l'islamisme au milieu d'un peuple divisé par tant de croyances (2), bouleversé par tant de dissensions intestines.

---

(1) J'ai puisé totalement cet extrait de l'histoire d'Afrique de Mohamed ben Farkhoun el-Kiraouni. — Mohamed ben Joussef el-Ouarrak el-Kirouani.—El-Ouakadi.—Aboubéker el-Méléki.—Essema ben Zéid el-Léithy. — Aissa aben Messkin.—El-Kilay.—Aben Schabat.—Aben Nébéta.—Aben Rakik el-Kiraouani, et Aben Négi.

(2) A l'époque de l'invasion arabe de 644, il y avait en Afrique le Judaïsme mêlé au Paganisme de Syrie, l'idolâtrie des Grecs, la

Ce guerrier - missionnaire était Oukba ben Neffa el-Fehry; il reçut 40,000 hommes des meilleures troupes de Syrie, composées en grande partie de cavaliers.

Oukba ayant augmenté son armée d'un grand nombre de Cophtes et de Berbères arriva bientôt dans la Byzacène. Tout ce pays fut inondé de sang chrétien au cri de l'islamisme ou la mort. Pendant que le sabre et le Coran à la main le farouche guerrier frappait impitoyablement les hommes qui ne se soumettaient pas assez rapidement à cette terrible prédication, il faisait respecter les vieillards, les femmes et les enfants dont le livre saint avait recommandé de préserver la vie.

Ce scrupuleux exécuteur des ordres du Prophète et du Calife renversant tout sur son passage sema partout l'épouvante. Les Chrétiens d'Afrique furent attérés par cet orage effroyable qui fondait sur leurs têtes : rapide comme la foudre, Oukba s'empare de Méhédie (1), de Souse (2), de Sébiba (3). remporte la bataille d'Oued el-Klakh, prend la ville du Kef (4), se rend maître de celle de Khidra (5) qui lui coûte de longs efforts et de grandes fatigues. Là son élan

---

religion des Guébres dont l'auteur arabe du Kortas et Aben Galeb font mention vers l'année 804 de J.-C. et 189 de l'hégire. Le Christianisme avec toutes ses sectes.

(1), (2), (3) Villes de la régence de Tunis, sur le littoral.

(4) Ville de la régence de Tunis, sur la frontière de celle de Constantine.

(5) Ville frontière à 40 milles du Kef.

vient s'arrêter : des discussions s'élevèrent parmi les chefs arabes, enivrés de leurs succès : chacun prétendit diriger la marche de l'expédition et désigner la nouvelle ville qu'on devait attaquer. Oukba s'apercevant des conséquences fâcheuses qui pouvaient résulter d'une semblable dissension, il en imposa d'abord aux turbulents en invoquant le nom et l'autorité du Prince des croyants et il leur déclara que se désaisissant momentanément de la direction de l'armée il allait écrire au Calife et lui demander de leur tracer lui-même la marche qu'ils avaient à suivre.

Le séjour de l'armée se prolongea dans les plaines de Khidra pendant 40 jours. Oukba assemble dans sa tente tous les capitaines de l'armée et après leur avoir fait connaître le but de cette réunion, il se fit apporter une feuille de parchemin et écrivit devant eux une lettre conçue en ces termes :

« Au nom de Dieu clément et miséricordieux,

« De la part d'Oukba ben Neffa commandant en chef des Arabes en Afrique, au Prince des croyants Othman ben Affen, le salut ;

« Je porte à votre connaissance que Dieu nous a fait conquérir une partie de l'Afrique ; nous y avons pris pied, c'est le pays le plus riche et le plus fertile, et mes yeux n'ont jamais rencontré une terre qu'on puisse lui comparer : nous nous sommes emparés des villes de Méhédie, de Lorbous (1), de Souse, de Sébiba, du Kef et de Khidra.

---

(1) Ville de la régence de Tunis.

« Dieu nous a aidé dans ces entreprises, et le courage de Abdalla ben Djaffar nous a fait surmonter toutes les difficultés, il est le héros de l'armée. Tout ce que nos bras et nos lances n'ont pu vaincre a été surmonté par son génie et ses ruses guerrières.

« Parmi les capitaines qui se sont distingué dans les combats les plus difficiles, je citerai El-Fadal ben el-Abbas et Raffa ben el-Khareth, Soliman ben Khaled, Messrouk ben Zéid, Khassen ben Drar et le fils du prince de Carthage (1), gouverneur de la Méhédie, qui se trouve avec nous et qui a embrassé l'islamisme.

« J'ai cru nécessaire de vous informer de tout ce qui s'est passé; l'armée se trouve campée à Khidra parce que nous sommes indécis sur la marche que nous devons suivre pour terminer la conquête. Il y a chez nous la discorde : tantôt on veut aller attaquer Carthage, tantôt Tébessa, tantôt Castilia et tantôt Constantine. Je viens d'être assuré que le prince de cette dernière ville est très-puissant, qu'il a des hommes et des armes redoutables. Quant à moi, je pense attaquer Constantine, puis porter le dernier coup à Carthage, mes capitaines ne partageant pas mon opinion, veuillez, au nom

______

(1) Aben Dinar, auteur arabe, a donné ce titre aux gouverneurs de l'Afrique, parlant du Patrice Grégoras qui est cité dans l'histoire du Bas Empire de M. Le Beau et dans celle du monde par M. Chevreau, tome III, livre IV. — Il l'appelle le Mélek et quelquefois aussi le Batrick, corruption du mot de Patrice.

de Dieu, je vous en conjure, me tracer dans une de vos lettres le chemin que nous devons suivre pour l'expédition, pour que chacun soit obéissant à mes ordres.

Lorsque Oukba eut terminé sa lettre il en fit la lecture aux chefs qui l'entouraient, aucun d'eux n'osa contredire ce qui avait été écrit par lui.

Oukba fixa sur eux un regard scrutateur comme pour lire dans leurs pensées; ils baissèrent les yeux; il scella la lettre du cachet du Prophète puis ·les regardant de nouveau avec fierté il leur dit : lequel de vous chargerai-je de cette missive pour le Prince des croyants ? Les chefs s'entre regardèrent et sans répondre, au bout d'un instant cependant Aouisse ben Daffar se leva et dit : c'est moi, ô mon chef, lui dit-il; quels sont les gens qui vous accompagneront? reprit le général; Aouisse répliqua: j'ai choisi Raffa ben Alga, Yézid ben Galeb el-Aschari, et Aroua ben-Khassen el-Aschari. Le général fut satisfait du choix.

Oukba lui remit la lettre et lui donna l'ordre de se mettre en route sans perdre de temps. Aouisse suivi de ses compagnons monta sur des négibs (dromadaires) dont les pieds légers faisaient 6 lieues à l'heure. Ils précipitent leur course et après 30 jours de marche forcée pendant lesquels ils changèrent fréquemment de montures ils arrivent couverts de poussière et de sueur aux portes de Médine. Les habitants de la ville s'attroupèrent autour des messagers et lorsqu'ils reconnurent

Aouisse qu'ils savaient faire partie de l'armée d'Oukba, ils poussèrent de grandes acclamations, pendant qu'Aouisse sans vouloir répondre aux questions qui lui sont adressées par toutes les bouches, pénêtre dans l'intérieur de la ville, la foule le quitte et court tumultueusement au palais du Calife. Ce dernier s'entretenait alors avec Ali, gendre de Mahomet.

Lorsqu'il vit tous ces hommes envahir, en poussant des cris confus, l'appartement où il se trouvait, Othman troublé se leva sur ses deux poings et il leur dit: « Quel désastre venez-vous donc m'annoncer? Prince des croyants répondit aussitôt un grand nombre de voix, nous venons vous annoncer l'arrivée d'Aouisse qui combattait dans les rangs de l'armée d'Afrique, et nous sommes impatients de savoir les nouvelles qu'il apporte.

Pendant qu'Othman partageant l'étonnement général se disposait à sortir pour se rendre à la mosquée où reposaient les cendres du Prophète et où se traitaient ordinairement les grandes affaires de l'État, l'agitation se propageait dans toutes les parties de la ville. Des héraults parcourent les rues en criant à haute voix qu'Aouisse, envoyé d'Oukba vient d'arriver à Médine. « O vous tous, disaient-ils qui avez des vôtres dans l'armée, venez vous informer de leur sort; » on voyait alors sortir de chaque maison les mères traînant leurs enfants, les fils aidant leurs vieux pères à marcher, tous enfin se précipitèrent vers la mosquée.

Cependant Aouisse et ses compagnons avaient pénétré à grand peine dans l'intérieur de la mosquée et s'étaient assis aux pieds du tombeau du Prophète, et s'étant prosternés ils lui rendirent grâce de leur heureux voyage, après avoir accompli ce pieux devoir qui dans l'esprit de ces hommes religieux devait précéder tous les autres, ils se disposaient à faire prévenir le Calife lorsque Othman fendant la foule entra lui-même dans la mosquée; il était accompagné d'Ali, d'Abd el-Rokhman ben Aous et de Zoubir ben el-Aouam. Aouisse voyant entrer le Commandeur des croyants se lève et se précipite à sa rencontre jusqu'au milieu de la cour de la mosquée, là s'inclinant avec respect il donne au Calife le salut de paix et lui présente la lettre dont il était porteur. Othman rend le salut de paix et saisissant d'une main tremblante d'émotion la lettre d'Oukba il en rompt le cachet. Tout le peuple attentif retient son souffle, et attend avec anxiété. Le Calife lit la dépêche à haute voix et à peine en a-t-il prononcé les derniers mots que la foule éclate en cris d'allégresse, « l'Afrique est conquise, répète-t-on de toute part, béni soit le nom du Prophète qui a protégé nos armes et fait triompher l'Islam; » toutes les familles dont les parents ont été mentionnés sont comblées de joie et d'orgueil et reçoivent d'unanimes félicitations.

Othman après avoir rendu de solennelles actions de grâce fit sortir la foule de la mosquée, et entrant dans la salle du conseil avec sa suite et Ali ben Abi Taleb se fit donner un parchemin et il y écrivit ces mots :

« Au nom de Dieu clément et miséricordieux ;

« De la part d'Othman ben Affen, prince des croyants, à Oukba ben Neffa, commandant l'armée musulmane en Afrique, le salut :

« J'ai reçu ta lettre et j'ai été saisi de joie en apprénant les grandes choses que tu as faites pour la propagation de l'Islam ; le Prophète en soit glorifié, j'ai vu avec plaisir les louanges que tu donnes aux Béni-Heschem et aux Béni-Makhzoum. Tu loues plus particulièrement Abdalla ben Giaffar, cela ne m'étonne pas : tout le monde le reconnaît descendant de héros, et héros lui-même l'opinion que tu exprime sur son compte doit t'obliger à ne rien faire sans le consulter, et comme tout travail pénible doit être récompensé, dans le partage du butin il devra avoir le droit de prendre la meilleure partie et celle qui lui sera le plus agréable. . . . . Arrivé à cette ligne, Othman se retourna vers Ali et lui présentant le parchemin, il lui dit : pour ce qui concerne la marche de l'armée d'Afrique, c'est à vous de la tracer, vous avez fait la guerre et vous êtes l'épée victorieuse de Dieu sur les infidèles : Ali remercia le Calife de son attention, prit le parchemin de sa main et écrivit les mots suivants :

« De la part d'Ali ben Abi Taleb, à Oukba ben Neffa, le salut :

« Je suis chargé de la part du Prince des croyants de t'écrire et de répondre à ta lettre, et t'indiquer la marche que tu dois suivre dans ton expédition. Dès que la présente sera entre tes mains, diriges-toi sur Castilia et après sa prise à Tébessa, puis à Constantine et en dernier lieu à Carthage. Continue à conduire les Musulmans à la victoire mais ne t'expose pas toi-même à de trop grands périls, parceque la vie du général est l'âme de l'armée, efforce-toi de rétablir la concorde entre toi et les chefs placés sous tes ordres et de la faire régner toujours sans nuages; fais en sorte que toute l'armée, soldats et capitaines, soient toujours animés d'un même sentiment, car les hommes que l'on mène au combat y sont plus forts et plus intrépides lorsqu'ils n'y vont seulement par obéissance et qu'ils y vont aussi poussés par leurs propres désirs. Que le salut soit sur toi. »

Dès qu'Ali eut fini la lettre, il la présenta au Calife qui la lût, l'agréa et la scella du sceau du Prophète, elle fut remise à Aouisse qui le lendemain se remit en route avec ses compagnons, et 30 jours après il franchissait les barrières du camp et rendait compte de sa mission à Oukba.

CHAPITRE II.

Oukba ayant lu la lettre d'Othman, la communiqua aux chefs de l'armée, et le lendemain il se mit en route, il prit Castalia, Tébessa et après 3 jours de séjour dans cette dernière ville il se dirigea sur Constantine; toute l'armée était impatiente de se trouver sous les murs de la capitale des Numides, dont la renommée était grande et qui par le souvenir des évènements importants qui s'y étaient passés devait exciter dans l'esprit des Arabes la plus vive curiosité. Les commandants des divers corps de troupes impatients d'atteindre ce nouveau but se plaignirent du retard qu'apportait à leur marche les bagages de l'armée et le nombreux butin dont on était déjà chargé.

Oukba donna l'ordre de faire diriger ce qui entraverait la marche, sur Hidra, et sous l'escorte de quelques troupes; l'armée diminuée déjà par les garnisons qu'elle avait dû laisser dans un grand nombre de villes se trouvait alors réduite à 15,000 hommes environ armés à la légère et pourvus de 5 à 6 jours de vivres, la frugalité des conquérants

rendait peu difficile et embarrassant le transport
de cet approvisionnement; il n'avait été réservé
que 2 tentes, l'une pour les séances des conseils
de l'armée, et l'autre pour Abdallah ben Giaffar qui
était accompagné de sa femme, fille du gouverneur
de Carthage, qui avait fui la cour de son père et
avait embrassé l'Islamisme.

Le signal du départ allait être donné, lorsqu'on
apperçut dans le lointain un cavalier qui ayant
apperçu l'armée sembla vouloir rebrousser chemin,
il fut promptement arrêté et conduit en présence
d'Oukba, c'était un Berbère qui arrivait précisément de Constantine. Oukba l'ayant interrogé, le
Berbère qui était sans doute un espion répondit à
l'Émir que le prince de Constantine avait été averti
de l'approche des Arabes, qu'il s'était préparé à
les recevoir et qu'il avait une forte garnison, et
qu'au surplus la ville était suffisamment défendue
par sa position naturelle.

Constantine, dit-il, est comme le nid de l'aigle,
elle est bâtie sur un rocher qui s'élève bien haut
au-dessus de la plaine, et que l'abîme environne
de toutes parts; si vous n'avez pas des ailes pour
vous y porter, vous pourrez demeurer des siècles
aux pieds du rocher, car la ville, abondamment
pourvue de vivres et d'armes ne vous ouvrira point
ses portes. A ce récit les chefs se regardent, un profond découragement semble atteindre leur première
ardeur, Abdallah s'appercevant de ce mouvement
est saisi d'une violente colère, qu'est-ce à dire,

s'écria-t-il, les mensonges évidentes de ce chien vous feront oublier qui vous êtes et au nom de qui vous marchez? N'êtes vous pas ceux qui ont conquis la Perse et qui avez détruit le palais de ses Empereurs, n'êtes-vous pas ceux qui avez pris Jérusalem, l'Égypte et les Pyramides, n'êtes vous point ceux qui marchez au nom de Dieu et sous la bannière du Prophète? En avant, en avant, et il s'élance le premier, les chefs reprennent courage et le suivent avec l'armée qui n'eût point connaissance de cet incident. Le soir ils arrivèrent à Meskiana et y passèrent la nuit, le lendemain à la pointe du jour ils continuèrent leur route et ne s'arrêtèrent qu'au coucher du soleil dans l'endroit appelé Amama, vers le milieu de la nuit la marche continue et après le troisième jour l'armée s'arrêta aux pieds de la montagne Messtas (1) à 4 lieues de Constantine.

Constantine était alors gouverné par un Africain investi par l'Empereur, mais que depuis longues années, profitant du désordre et de l'anarchie qui minaient de toutes parts l'empire de Byzance, gouvernait plutôt en son propre nom qu'au nom de son maître; toutefois ses idées d'indépendance étaient tenues en respect par la présence d'une garnison greco-byzantine qui n'ayant que

---

(1) Cette montagne est celle qu'on appelle aujourd'hui Om-Settas par corruption de l'ancien nom, cette montagne est sur la route de Bône et s'élève sur un des côtés de la vallée du Boumerzoug.

peu de liens dans le pays était restée à peu près fidèle. Le gouverneur dont nous n'avons trouvé nulle part le nom dans l'histoire et qui, ainsi que nous l'avons dit, est désigné par les historiens arabes par le titre générique de Mélek ou de Batrik (corruption de Patrice), était fortement soutenu par la population de la ville et du territoire. Une pareille situation devait être très-favorable aux efforts de la nouvelle puissance qui venait de si loin se substituer à cette multitude d'influences et de dominations qui cherchaient mutuellement à s'ébranler.

Les populations étaient d'ailleurs fatiguées de tant de tiraillements, en proie aux dissensions religieuses, toujours opprimées par les sectes que l'intrigue ou la force rendaient tour-à-tour victorieuses, elles semblaient attendre l'avenement d'un pouvoir assez fort pour s'élever au-dessus de tous ces pouvoirs rivaux et faire enfin régner l'ordre. Elles avaient hâte surtout de voir disparaître de leur sol les bandes greco-byzantines qui ne présentaient aux vaincus que l'ombre des anciennes légions romaines, et qui ne savaient que piller sans protéger; c'est pour cela que dans les autres parties de l'Afrique où l'esprit des populations était à peu près le même, la marche des conquérants avait été si rapide, que dans un grand nombre de ville les portes leur avaient été ouvertes par les habitants eux-mêmes qui s'étaient révoltés contre les troupes grecques, chose étrange, la nécessité de se soumettre à une foi nouvelle prêchée par le sabre, n'opposait qu'un faible obstacle à cette tendance des esprits, le dogme chrétien avait été affaibli comme le pouvoir temporel, la multiplicité des sectes religieuses avait altéré le principe de la foi primitive, et fait jaillir le doute, au choc de toutes ces croyances diverses qui se disputaient les temples. La curiosité était d'ailleurs excitée dans l'imagination de ces hommes mobiles qui avaient besoin d'une religion nouvelle comme ils avaient besoin d'un pouvoir nouveau.

A peine les éclaireurs de la garnison eurent-ils signalé l'approche de l'armée arabe que le gouverneur se hâta de réunir les principaux de la ville, il leur fit connaître la situation des choses, et il leur demanda ce qu'ils se proposaient de faire, voulaient-ils se défendre énergiquement, ou bien se rendre aux ennemis en essayant d'obtenir des conditions favorables, qu'elles étaient enfin leurs intentions.

Les grands de la ville ainsi interrogés répondirent d'une voix unanime : Vous êtes notre père et notre maître, vous savez mieux que nous ce qu'il faut faire pour écarter ou adoucir les coups du malheur qui menace nos têtes, nous vous dirons cependant que notre pays est bien beau, nos champs bien fertiles, que notre ville renferme bien des richesses et qu'il nous en coûterait de renoncer à tous ces biens : or la guerre pourrait nous les enlever et la paix peut nous les conserver.

Le Mélek comprit le sens de cette réponse. Il ré-
solut alors d'agir de façon à ne pas se compromettre et à pouvoir profiter de tous les évènements
qui pourraient survenir : il donna pour la forme
quelques ordres insignifiants aux chefs de la garnison, fit encourager sécrètement les habitants à
opposer peu de résistance et attendit; en effet
pensa-t-il, ou bien les efforts des Arabes se rebu-
teraient devant les immenses difficultés du siège et
se retireraient, alors il demeurait dans la même
situation plus fort encore de la sympathie des habitants dont il avait accepté les idées pacifiques
sans s'être compromis avec la garnison dont il
avait en apparence encouragé la résistance, ou bien
si le sort de la guerre paraissait devoir être favorable aux armes des assiégeants, il suivait le mo-
ment opportun et avec l'assistance des habitants
il capitulerait aussitôt pour se faire un mérite de
sa soumission et conserver une partie de son
pouvoir.

Cependant l'armée arabe quitta son dernier
campement de Messtas et arriva sous les murs de
Constantine. Son étonnement fut grand à l'aspect
de cette ville extraordinaire, il y avait là en effet
de quoi frapper vivement l'imagination, cet im-
mense bloc de rocher qu'un coup de baguette
semblait avoir soudainement séparé les masses
environnantes, cette rivière qui s'engouffrait en
bouillonnant dans l'abîme et qui après avoir en-
touré la ville dans une grande partie de sa circon-

férence d'une ceinture invisible, reparaissait et s'échappait en cascades bruyantes, tout cela présentait aux Arabes un spectacle bien propre à exciter leur admiration, mais ils comprirent bientôt aussi combien était grande la difficulté de leur entreprise, ils n'avaient avec eux aucune machine de guerre et la ville était si bien fortifiée par la nature, que les assiégés paraissaient n'avoir qu'à se tenir dans leurs murailles où les assaillants n'auraient jamais pu les atteindre.

Aussi comme cela était déjà arrivé plusieurs fois, une sorte de découragement s'empara du soldat, avant même que les opérations fussent commencées, leurs yeux mesuraient avec terreur la hauteur prodigieuse de ces escarpements naturels, du sommet desquels on voyait reluire les armes du soldat Grec : Oukba cependant distribue son armée autour de la ville, les abords de la porte du Pont furent occupés par les Béni-Abd-el-Ménef; les Béni-Gassen, les Béni-Lakham et les Gédem furent placés sur les deux côtés de l'escarpement qui joint la ville au pied de la petite montagne qui s'élève à l'ouest.

Indépendamment des fortifications naturelles dont nous venons de parler, Constantine était encore défendue par un système de murailles qui s'avançaient à quelques centaines de pieds en avant des rochers. Ils s'en emparèrent assez facilement car les assiégés comptant plus particulièrement sur la solidité des autres remparts s'étaient assez mollement défendus sur cette première ligne, mais lorsque les Arabes, que ce premier et facile succès avait ranimés s'avancèrent jusqu'au pied des principales fortifications, ils reconnurent qui leur serait impossible de s'en emparer.

Les soldats Grecs se montrant en foule firent pleuvoir une grêle de traits et de projectiles, cette tentative causa à l'armée Arabe un assez grand nombre de morts et de blessés, les jours suivants mêmes assauts, mêmes résultats; Oukba seul sans partager le découragement profond que ces insuccès répandaient dans l'esprit de ses soldats, s'étonnait cependant de ce que la population de la ville qu'il n'avait point vu sur les murailles prendre la défense, ne cherchât point à entrer en relation avec lui, il ignorait que les chefs de la garnison s'étant bien vîte aperçus de l'intention où étaient les habitants de ne pas opposer de résistance à l'ennemi, s'étaient méfiés d'eux et les surveillaient étroitement, ils n'avaient pas tardé à intercepter des émissaires secrets chargés de propositions pour les chefs de l'armée Arabe; certains alors que ne pouvant compter sur les habitants de la ville, doutant des dispositions du Mélek à rester fidèle à la cause de l'Empire, ils commencèrent à concevoir quelque crainte, ils songèrent à demander l'assistance du Gouverneur de Carthage duquel relevait celui de Constantine et que les auteurs Arabes appèlent Mélek el-Akbar, ils lui exposèrent leur situation périlleuse: « Ignorez vous donc, disaient-ils, ce qui nous arrive? nous sommes assiégés par les Arabes, leur armée est nombreuse, nos puissantes fortifications et nos remparts de rocher sont insuffisants aujourd'hui pour nous protéger, la population effrayée loin de songer à se défendre avec nous, semble mûrir le projet de se rendre à l'ennemi et de nous livrer pour obtenir une capitulation meilleure, nous sommes comme vous, Seigneur, de fidèles sujets de l'illustre empereur, nous vous adjurons en son nom, songez que si la ville de Constantine est prise les Arabes enivrés de cette difficile conquête, se précipiteront plus impétueux et plus fiers sur Carthage, tandis que si dès aujourd'hui vous nous aidez à les vaincre nous débarasserons peut-être l'Afrique de ce terrible fléau.»

Mais le gouverneur de Carthage ne leur répondit point, frappé de terreur lui-même par la prise de la Méhédie, par la mort de son fils aîné et la disparition de ses deux autres enfants, il ne pensait qu'à se préparer à subir le siège dont il était menacé, il se garda bien dès lors de démembrer ses forces pour secourir Constantine; que lui importait d'ailleurs le sort de cette ville? Il y avait bien longtemps déjà qu'elle ne relevait plus que nominalement du pouvoir central de Carthage, dans ces temps de décomposition, d'anarchie et de terreur, c'était un sauve qui peut général, et chacun ne songeait qu'à conserver un lambeau de puissance et de richesse, sans reculer pour cela devant aucun sacrifice. Le Gouverneur de Carthage se souvenait d'ailleurs de la fin tragique du Proconsul Grégoras tué de la main d'Abdallah ben el-Zoubir, en 647.

Pendant que la garnison greco-byzantine était plongée dans l'inquiétude et commençait à redouter sérieusement l'issue du siège, l'armée arabe de son côté, ignorant cette situation était en proie au découragement; les soldats étaient irrités de l'inutilité constante de leurs attaques et de voir tous leurs efforts se briser contre ces immenses murailles naturelles, auxquelles les hommes avaient eu peu à ajouter pour les rendre imprenables, c'est en vain, disaient-ils, que nous persisterions à rester devant ces rochers formidables, nous y émoussons nos épées, nous y usons nos griffes et nos dents sans pouvoir les entamer. L'absence des bagages augmentait encore la mauvaise humeur des soldats; presque tous étaient obligés de coucher sur la dure, exposés à toutes les intempéries de l'air, aussi les maladies commençaient-elles à envahir les rangs, malgré la fermeté de son esprit et sa confiance dans sa mission, Oukba sentait lui-même sa constance s'ébranler, il était étonné de ne recevoir aucune ouverture des habitants comme il en avait reçu dans toutes les autres villes, il commença à craindre que contrairement à ce qu'il avait remarqué jusqu'alors, il n'existât entre la population et les troupes grecques un accord et une solidarité d'intérêts qui aidés de la forte position de la ville eût rendu tous succès impossibles; il chercha mais vainement à faire pénétrer des espions dans l'intérieur de la place, ces espions furent toujours arrêtés par les soldats Grecs qui n'avaient pas encore perdu complètement courage parce qu'ils espéraient toujours recevoir une réponse fovorable du Gouverneur de Carthage.

Il avait reconnu que les seuls endroits par où la ville pût être accessible; étaient le pont situé dans la partie inférieure de la ville, et l'autre la porte que les historiens arabes appellent Sitraouagi, nous pensons que cette porte est celle qui s'appelle aujourd'hui porte Djébia, ce nom de Sitraouagi nous paraît être en effet la corruption du mot *Xystus trivium*, c'est-à-dire passage où aboutissent trois chemins, la tradition parle en effet qu'à ce point aboutissaient trois chemins dont deux couverts servaient au transport de l'eau puisée dans un bassin placé entre la porte et la riviére; ce bassin était alimenté par les eaux de cette rivière, que des travaux de maçonnerie placés à l'entrée assez étroite du ravin, élevaient à une certaine hauteur, il était d'ailleurs soigneusement voûté et couvert de terre; et les gens du pays seuls en pouvaient connaître l'existence, il est à présumer toute fois qu'à l'époque dont nous parlons le bassin et les chemins couverts étaient dans un assez mauvais état pour que l'usage en fut devenu impossible. Les historiens arabes que nous avons eu occasion de citer nous apprennent en effet que les assiégeants ayant coupé les canaux dont on retrouve encore aujourd'hui la trace et qui amenaient l'eau à la Citadelle par les hauteurs et d'immenses aqueducs, la garnison et les habitants craignirent de manquer complètement d'eau.

Aux premières attaques dirigées sur la porte du Pont, les soldats Grecs s'étaient hâtés de rendre ce lieu déjà bien défendu, complètement inaccessible par la destruction d'une des arcades supérieures du pont, ils avaient ainsi ouvert entr'eux et les assiégeants un vide que ces derniers ne pouvaient ni combler, ni franchir.

Oukba concentra dès lors toutes ses forces et tous ses efforts sur la porte Sitraougi. De leur côté les Grecs n'ayant plus qu'un seul point à défendre tentèrent diverses sorties qui leur réussirent, un grand nombre de Musulmans perdirent la vie dans ces combats partiels.

Oukba voyant la démoralisation de ses troupes réunit en conseil général les hommes les plus influents et les chefs des diverses tribus, leur exposa les faits et leur demanda ce qu'ils pensaient qu'on devait faire, tous ceux qui dans la plaine de Khidra avaient été d'avis de marcher sur Carthage se plaignirent amèrement de ce que leur conseil avait été dédaigné, Oukba leur représenta qu'il avait dû suivre les ordres formels du Calife, ils répliquèrent qu'à une aussi grande distance du théâtre de la guerre, Othman n'avait pu apprécier suffisamment les causes qui devaient déterminer la marche de l'armée dans telle ou telle direction, enfin l'anarchie qui une première fois avait failli compromettre les progrès de la conquête paraissait devenir plus menaçante que jamais.

Raffa ben el-Khareth se levant au milieu du tumulte s'écria : nous ne devons pas murmurer, nous les serviteurs du Prophète contre le Vicaire qui commande en son nom, nous ne devons point oublier non plus que le Séid Oukba a été choisi pour conduire nos armes, nous avons donc bien fait d'obéir, mais ni le Prophète, ni le Calife, ni le chef de l'armée ne peuvent vouloir qu'en persistant dans des choses impossibles nous compromettions le succès de notre mission glorieuse, or regardez, nos yeux ont-ils vu jusqu'à présent une ville pareille, une position aussi formidable et des obstacles aussi grands chaque jour nous démontre l'impossibilité de la victoire, nous ne recevons aucune proposition des habitants qui contrairement à ce que nous avons vu aillenrs semblent d'accord avec les Ministres et les soldats de l'empereur, ce n'est pas à nous que Dieu et le Prophète ont réservé cette conquête difficile, et en nous ordonnant de l'entreprendre ils n'ont voulu qu'éprouver notre courage. Je crois donc que nous ferons bien de quitter ces lieux maudits avant que la maladie et le fer nous aient enlevé nos meilleurs soldats.

Une nouvelle sortie des assiégés vint interrompre ce débat qui avait rempli d'amertume et de douleur le cœur du Séid Oukba, son intrépidité se révoltait contre la pensée d'une honteuse retraite, il se souvint alors de la recommandation que lui avait fait le Calife de prendre conseil d'Abdallah ben Giaffar dans les circonstances périlleuses, ce dernier retenu dans sa tente par la maladie n'avait pu assister au conseil des chefs. Le général se rendit auprès de lui. Après lui avoir fait connaître son inquiétude et s'être plaint avec amertume du peu de constance des chefs qu'il venait de consulter. O Abdallah, s'écriat-il, échouerons-nous contre ce rocher fatal, et ta sagesse ne nous indiquera-t-elle aucun moyen de réussir? où sont donc tes stratagèmes, tes ruses de guerre qui nous ont été jusqu'à présent aussi utiles que la lame de ton glaive, creuse ta pensée jusqu'au fond; je ne compte plus que sur toi. Noble Émir, répondit le parent du Prophète, si tu me vois malade et sans force c'est que mon esprit s'est épuisé à chercher ce que tu me demande, nous ne pouvons espérer d'entrer dans Constantine par la force, nous n'y pénètrerons qu'avec l'assistance des habitants et peut-être du Gouverneur, auquel sa soumission à nos armes peut faire espérer la conservation de son rang et de son pouvoir, mais il ne nous arrive aucune parole de l'intérieur, et jusqu'à présent nous n'avons vu que les piques et les traits des soldats. Je vais essayer de nouveau de faire parvenir une lettre aux principaux de la ville à qui je ferai des promesses et en attendant tâche de réprimer l'impatience des chefs si tu ne peux parvenir à relever leur courage.

A peine Abdallah achevait-il ces mots que les soldats introduisirent un prisonnier qui d'après leur récit avait semblé chercher à se faire prendre, et dès qu'il s'était trouvé entre leurs mains avait demandé à être conduit devant le chef de l'armée. C'était un officier d'un grade très-inférieur qui avait été gagné par un des principaux de la ville pour entrer en relation avec les assiégeants, cet homme fit connaître au général Musulman la véritable situation des choses, la discorde régnant entre le Gouverneur et la population d'une part et la garnison de l'autre, les premiers désirant capituler et les seconds d'abord résolus de se défendre jusqu'à la mort aujourd'hui fortement ébranlés en ne recevant aucune réponse du prince de Carthage ; l'espion ajouta que si l'on voulait le charger d'une lettre soit pour le Gouverneur, soit pour les principaux habitants pour leur faire connaître les conditions qui devaient être aussi favorables que possibles, il s'acquiterait de ce message et rapporterait lui-même la réponse. Les deux chefs Musulmans s'étant consultés à voix basse, Oukba laissa à Abdallah le soin de mener à fin cette négociation et rentra sous sa tente. Abdallah demanda alors au transfuge s'il ne pourrait pas lui fournir les moyens de pénétrer lui-même dans l'intérieur de la ville et d'entrer en relation avec les habitants.

Le Grec accepta la proposition et il fut convenu qu'à une heure déterminée de la nuit, Abdallah se trouverait aux abords de la porte Sitraougi et qu'un guide s'y présenterait en prononçant un mot d'ordre pour se faire reconnaître.

Le soir même le messager secret feignant de s'être échappé des mains de ceux qui l'avaient fait prisonnier, rentra dans la ville.

Le lendemain de ce jour qui était le trente-et-unième du siège, Abdallah oubliant son état de maladie se disposa à exécuter sa difficile entreprise, sa femme le voyant placer une épée sous son manteau lui demanda en pleurant où il allait à une heure aussi avancée, femme répondit Abdallah, je vais avec la protection de Dieu dans les murs de Constantine, sèche tes larmes et surtout garde un silence absolu car personne si ce n'est que le Séid Oukba ne doit savoir où je vais. Ayant franchi les dernières lignes du camp il arriva en se glissant avec les plus grandes précautions à quelque distance de la porte Sitraougi; là il s'abrita sous un débris de muraille et attendit avec impatience le guide qu'on lui avait annoncé.

La couleur de son manteau dit l'historien arabe se confondait avec celle des objets qui l'entouraient.

Il attendait depuis longtemps; cet homme ordinairement si maître de lui-même sentait l'inquiétude s'emparer de son esprit, il ne se dissimulait pas que si son projet avortait il fallait renoncer à la prise de Constantine, en effet en traversant le camp arabe il avait entendu presque tous les groupes de soldats près desquels il était passé se plaindre avec violence et exprimer quelques idées de révolte, enfin après deux heures d'attente il entendit un léger bruit à la porte Sitraougi, un homme en sortit mystérieusement et sembla chercher autour de lui, Abdallah s'avança près de cet homme qui prononça à voix basse le mot d'ordre convenu avec l'espion, Abdallah lui ayant répondu, son interlocuteur le prit par la main et lui dit: Abdallah ben Giaffar, suivez-moi. En passant sous la porte, Abdalla reconnut que le chef des soldats chargé de la garder était précisément l'officier subalterne qui la veille s'était rendu au camp arabe.

Le guide d'Abdallah le conduisit dans une maison d'assez belle apparence située presqu'au milieu de la ville, l'y ayant fait entrer, il se fit connaître à lui. Ce n'était rien moins que le Castellarius ou Intendant des fortifications que l'historien arabe désigne sous le titre de *Sakhab el-Khossn*.

Ce personnage expliqua alors d'une manière plus circonstanciée l'état des choses, il lui dit que la population sécrètement d'accord avec le Gouverneur ne demandait pas mieux que de se rendre pourvu que les conditions de la capitulation ne fussent pas trop lourdes, que la crainte qu'ils avaient de la garnison grecque les avait seule empêchés d'entrer en relation directe avec le chef de l'armée arabe, qu'il était cependant urgent de prendre un parti définitif, et qu'il allait ménager une entrevue entre Abdallah et le Gouverneur, Abdallah y consentit.

Comme déjà le jour commençait à poindre, l'envoyé arabe soigneusement déguisé en femme fut placé dans une litière fermée et conduit en cet équipage au palais du Gouverneur, là il fut amené en présence de ce dernier qui le reçut avec une grande déférence, ils commencèrent alors à discuter les conditions de la remise de la ville. Abdallah promit au Gouverneur que son pouvoir lui serait conservé, que la possession de Constantine serait rendue héréditaire dans sa famille, il ajouta que la vie et la propriété des habitants seraient préservées de toute atteinte, la condition formelle de la réalisation de ces promesses était la conversion immédiate à la religion musulmane du Prince, de sa famille et des principaux dignitaires.

Le Gouverneur qui avait été prévenu de l'arrivée d'Abdallah avait fait réunir à l'avance les principaux de la ville, aussitôt qu'il eut arrêté avec Abdallah l'arrangement dont nous venons de parler, il lui fit remettre ses premiers vêtements et le conduisit dans la salle où s'étaient rendus les notables; l'homme que voici, leur dit-il, est Abdallah ben Giaffar, le conseil et l'envoyé du général de l'armée qui nous assiège, il vient nous dire que si la ville se rend, notre vie, nos dignités et nos fortunes nous seront conservées à la condition que les hommes revêtus de dignités et chargés du commandement embrasseront la religion nouvelle qui s'est déjà étendue sur presque tout l'Orient, les particuliers qui voudront rester fidèles à leur culte seront libres de le faire. Si la ville ne se rend pas nous serons dépouillés et massacrés, dites ce que vous voulez faire, ils répondirent d'une voix unanime qu'ils acceptaient les propositions de l'envoyé d'Oukba, et qu'il fallait aviser au moyen ou d'obtenir le concours de la garnison ou bien de l'emporter sur sa résistance.

Au même instant on vint annoncer au Gouverneur que les principaux officiers Grecs demandaient à lui parler, il ordonna qu'on les fit entrer dans la salle du conseil; ces officiers furent extrêmement surpris en voyant un chef arabe assis à la droite du Gouverneur, ils venaient dire à ce dernier que leurs forces étaient épuisées, que s'il voulait que la défense de la ville fut encore possible ils le conjuraient au nom de l'Empereur leur maître commun, d'engager ou de forcer les habitants à se joindre à eux, le Batrik leur répondit, tout ce qu'il a été possible de faire pour conserver cette ville à notre auguste Empereur je l'ai fait, mais voici les grands de la population qui sont décidés pour mettre fin aux périls du siège, à se mettre entre les mains de l'armée arabe, celui que vous voyez assis près de moi et que votre surveillance n'a pas su empêcher de pénétrer jusqu'ici, est le principal lieutenant du chef de cette armée, il a fait des propositions qui ont été acceptées, et moi je vous dis vos rangs sont décimés, vos approvisionnements de vivres sont épuisés, et c'est à peine si nos réservoirs contiennent assez d'eau pour nous désaltérer pendant 8 jours, voyez et réfléchissez, si vous persistez à vous défendre s'en est fait de vous tous, si vous consentez à vous rendre, vous serez sauvés comme nous. Les

officiers furent saisis d'un profond étonnement,
après un instant de réflexion quelques-uns d'entr'eux
déclarèrent au Gouverneur qu'ils se soumettaient
avec lui, les autres criant à la trahison jurèrent de
se défendre jusqu'au dernier soupir. Ils furent im-
médiatement arrêtés et mis en lieu de sûreté.

Le Gouverneur, les principaux habitants de la
ville et les chefs qui restaient à la tête de la garnison étant ainsi d'accord, il fut convenu qu'Abdallah sortirait le soir même de la ville, qu'il re-
tournerait au camp, et que le lendemain il se re-
présenterait à la porte avec une troupe nombreuse
qui prendrait possession de la place.

Cependant Oukba était resté plongé dans une
inquiétude mortelle, tourmenté par les plaintes
des soldats et des chefs qui demandaient à lever
le siège, il voulut avant de prendre une résolution
définitive consulter une dernière fois Abdallah ben
Giaffar, il se rendit en conséquence dans la tente
de ce dernier qu'il croyait encore malade, il n'y
trouva que sa jeune femme qui toute éplorée et
ayant pris à peine le temps de se voiler se préci-
pita au-devant d'Oukba, elle lui raconta que son
mari était parti la veille pour se rendre dans les
murs de Constantine et qu'il n'était point encore
rentré, Oukba sentit s'accroître son anxiété, il allait
se retirer lorsqu'Abdallah lui-même entra dans la
tente, son front était radieux, il se hâta d'informer
Oukba de ce qui s'était passé, le général soulagé
d'un grand poids, retourne chez lui suivi d'Abdallah

et ayant à la hâte convoqué les principaux de l'armée il leur fit part de ces heureuses nouvelles,
qui promptement répandues dans tous les rangs
ranima l'esprit des soldats. Le lendemain à la
pointe du jour un millier de cavaliers arabes sous
la conduite d'Abdallah ben Giaffar, se présenta à
la porte Sitraougi, les soldats qui la gardaient par
ordre des chefs que nous avons vus se rallier au
Gouverneur n'opposèrent aucune résistance. Abdallah suivi de ses soldats arriva bientôt sur la
place qui entourait le palais du Gouverneur, elle
était remplie d'une foule nombreuse, le Batrik se
trouvait avec toute sa cour sur la platte-forme
d'une des quatre tourelles qui flanquaient son
palais, à la vue d'Abdallah il s'écria : « Sachez, ô
habitants de Constantine, que les armes des Arabes
l'ont emporté, le vainqueur respectera votre vie
et vos propriétés, ceux d'entre vous qui embrasseront l'Islam seront comblés de dignités, ceux
qui voudront conserver leur foi ne seront point
inquiétés, il n'y a de Dieu que Dieu, et Mahomet
est son Prophète. » Un grand nombre de voix répondirent par des acclamations, quelques instants
après Oukba suivi du reste de l'armée entra au
bruit des tambours et des trompettes ; et la ville
fut ainsi complètement occupée.

C'est ainsi que Constantine tomba comme tant
d'autres villes sous la domination de l'Islam. Oukba
continua sa course et se dirigea vers Carthage, il
avait laissé à Constantine une garnison arabe suf-

fisante et le Cadi Daffar ben Khassen el-Sélémy pour l'enseignement de la religion du Prophète.

Les conditions promises par Abdallah ben Giaffar furent d'abord complètement respectées, mais bientôt la violence et les persécutions s'appesentirent sur ceux qui étaient restés fidèles à leur foi, la plupart d'entr'eux se réfugièrent en Corse, en Sicile, à Malte et en Espagne. Quarante ans après la conquête il ne restait plus un seul chrétien dans cette partie de l'Afrique où quelques siècles plus tard la Providence devait encore faire triompher le Christianisme.

FIN.